Mes 17 Contes de Noël

Contes de
Valérie Claisse, Émilie-Julie Charbonnier, Laura Millaud,
Roger-Pierre Bremaud, Monique Squarciafico, Calouan, Hubert Masurel,
Jeanne Taboni Misérazzi, Paul Nijskens, Cathy Dutruch,
Corinne Herrmann, Anne Lamy, Mireille Saver.

Illustrations de François Ruyer.

Hemma

Laura et le père Noël

Valérie Claisse

Laura est une jolie petite fille. Mais voilà, mais voilà, elle n'a jamais vu le père Noël. Elle en entend parler, le voit dans les livres, à la télé, comme toi et moi mais voilà, mais voilà, elle ne le connaît pas.
Elle, si curieuse, veut savoir qui il est, le voir en vrai de vrai.
Mais comment faire, oui comment faire?
Elle réfléchit, encore et encore. Toute la nuit, elle y pense, ça tourne et ça retourne dans sa tête.
Au matin, elle demande à maman combien de jours il reste avant Noël.
– Trois jours, répond maman en souriant, mais papa Noël ne vient que pour les enfants sages.
Laura hoche la tête. Le message est passé, elle a un plan.
Il reste trois jours pour le préparer, et elle doit être sage pour être sûre qu'il viendra. Et il viendra, c'est sûr, c'est sûr.

La première journée
se passe très bien.
Elle aide maman,
elle aide papa,
joue calmement :
le plan commence.
Papa Noël doit venir.
Et il viendra,
c'est sûr, c'est sûr.

Deuxième jour : elle prépare
en secret un petit sac.
Mais que fait-elle, oui que fait-elle ?

Maman et papa sont émerveillés :
en deux jours, pas une bêtise.

Troisième jour, alors là, attention :
le plan touche à sa fin. Toute la journée
elle va, vient, pose des questions.
Que prépare-t-elle, mais que prépare-t-elle ?

Le soir arrive enfin.
– Dis, maman, c'est bien ce soir qu'il vient
papa Noël ? demande Laura.
– Oui, chérie,il va venir quand tu dormiras !
répond maman.

Oui, mais voilà, ce soir, elle ne dormira pas.
Car ce soir, elle part aussi. C'est ça, le plan.
Comme d'habitude, elle met son pyjama,
prend « Ti », son doudou, embrasse papa
et monte se coucher avec maman.
Arrivée dans la chambre, elle se met vite au lit.
Un gros bisou et, dès que maman sort,
Laura se lève, prend Ti, le sac,
et attend devant la fenêtre.

Le temps paraît infini. C'est long d'attendre le père Noël.
Mais soudain, elle aperçoit une lumière dans le ciel.
C'est lui, c'est lui, c'est sûr. Il vient lui apporter ses cadeaux.
Doucement, elle descend, et se faufile près du sapin illuminé.
Oui, oui, c'est bien lui. Dès qu'il ouvre la porte, elle se glisse dehors,
monte dans le traîneau, se cache sous le sac rouge et attend.
Pas longtemps, le traîneau s'envole avec le père Noël et... Laura.
Elle soulève un peu le sac et admire les étoiles.
Quand le père Noël a fini sa distribution, il rentre direct à Rovaniemi.
Enfin les voilà arrivés. Le traîneau se pose près d'une jolie maison.

Le père Noël descend et soulève le sac :
-Nom d'une pipe ! s'exclame t-il. Laura, que fais-tu là ?
-Vous me connaissez? demande t-elle.
-Je connais le prénom de chaque enfant, ta couleur préférée est le rose, tu aimes la danse et les animaux.
Elle est épatée, tout est vrai, et il connaît ça pour tous les enfants...
-C'est mon métier de tout savoir, ne reste pas là dans le froid, entre et dis-moi ce que tu faisais sous mon sac, répond le père Noël.
-Je voulais te connaître, réplique Laura.
Il éclate de rire, lui prend la main et l'emmène à la cuisine.
Maman Noël a tout vu et lui sert un chocolat chaud et un biscuit.
Le voyage a été long ; elle sourit.
-Eh bien, petite Laura, tu as joué un tour au père Noël.
Ça alors, elle aussi connaît son nom.
Père Noël lui explique qu'ici tout le monde connaît chaque enfant.

Il lui présente les lutins, lui fait visiter l'atelier, son bureau,
où il lit les lettres des enfants, et termine par l'étable
où les rennes se reposent.

– Voilà, tu sais tout; maintenant, il est temps de rentrer chez toi.

Laura accepte, mais avant elle court chercher son petit sac
et en sort un appareil photo. Son plan n'est pas fini :
elle voudrait une photo avec le père Noël, s'il est d'accord.

– Bien sûr.

Il la prend sur ses genoux et maman Noël prend la photo.

Ensuite, il installe Laura près de lui dans le traîneau,
et donne le départ.
Ils s'envolent vers les étoiles et arrivent chez Laura
en un temps record.
Elle s'est endormie. Père Noël la prend dans ses bras,
la pose doucement dans son lit avec Ti
et son petit sac.

Laura se lève de bonne heure.
Maman et papa l'attendent près des cadeaux.
Laura les embrasse et raconte son voyage.
– Tu as fait un joli rêve, ma chérie, dit maman. Et papa sourit.
Mais elle, elle sait. Ce n'était pas un rêve.
Maintenant elle le connaît, pour de vrai,
comme toi et moi, elle a sa photo dans son petit sac.

Etrelle

Émilie-Julie Charbonnier

Par une belle nuit d'été naquit un petit renne. Ce soir-là, les étoiles brillaient tellement au-dessus de la toundra, que sa maman décida de l'appeler Etrelle.

Etrelle était un petit renne comme tous les autres. Il aimait courir, s'amuser, gambader. Il était peut-être un peu plus rêveur, un peu plus poète que ses petits amis, mais tout le monde l'appréciait.

Il était un renne et, plus tard, il porterait
de jolis bois sur sa tête, comme ceux de son père.
Tout allait donc bien au pays des rennes, jusqu'au jour où...
les bois d'Etrelle commencèrent à pousser.
Au début, personne ne se rendit compte de rien,
mais bientôt on s'aperçut que quelque chose
était différent. À l'école des rennes,
tout le monde se mit à se moquer d'Etrelle.
Contrairement à ses petits camarades
dont les bois poussaient semblables à ceux
de leurs pères, ceux d'Etrelle poussaient
en forme d'étoiles.
Tous les soirs, il rentrait chez lui en larmes.

Sa maman le consolait en lui affirmant que la différence
était une force et qu'un jour il serait heureux de son apparence.
Pourtant, face à l'incompréhension générale,
elle décida de lui acheter un bonnet avec lequel
il se coiffa et qu'il ne quitta jamais plus.

Les années passèrent et
Etrelle devint un solide renne.
Ses parents étaient fiers
de lui. Il restait pourtant
souvent de longues heures
seul avec son bonnet.
Il ne le quittait jamais,
à tel point que tout le monde
avait pris l'habitude
de le nommer
« couvre-chef ».

Une nuit sans lune, alors qu'il ramassait du bois,
son bonnet resta accroché à une branche basse.
Et, aussitôt, il vit clair comme en plein jour.
Surpris, il reprit le chemin du retour.
Derrière la fenêtre, sa mère le vit arriver.
N'attendant pas qu'il rentre, elle ouvrit la fenêtre
et se mit à crier :
« Etrelle, Etrelle, regarde-toi ! »

Troublé, Etrelle se précipita à l'intérieur.
Il se plaça aussitôt devant un miroir, mais il ne vit rien du tout.
Heureusement, sa maman (qui comme toutes les mamans avait tout compris) éteignit la lumière… et la pièce resta éclairée.
Au-dessus de la tête d'Etrelle, ses deux bois en forme d'étoiles étincelaient de mille feux. C'était merveilleux!
Des larmes de joie et de ravissement coulaient sur les joues d'Etrelle et de ses parents.

Très vite, toute la forêt
sut qu'Etrelle possédait
des bois extraordinaires.
Il ne porta plus son bonnet
que pour dormir et
fut rebaptisé « chef »
tout court.
Désormais, pour les grandes
expéditions, il est toujours
en tête, car en sa compagnie,
il fait toujours clair.
Etrelle est le plus heureux des
rennes. Il est entouré d'amis.
Il paraît même que l'un d'entre eux
a écrit au père Noël.
Ainsi, si un soir du 24 décembre,
vous apercevez dans le ciel deux étoiles
filantes, vous saurez qu'Etrelle a été
engagé pour tirer le traîneau.

Neige

Émilie-Julie Charbonnier

La veille de Noël, Antoine ouvre les volets :
– Ouaah…quelle joie ! cette nuit la neige est tombée.
Il court dans le jardin pour faire un bonhomme de neige.
Il ramasse beaucoup de neige et forme une boule, qu'il roule,
roule sur le sol blanc jusqu'à ce qu'il ne puisse plus la pousser.
Puis il en forme une seconde qu'il s'empresse de placer sur la première.
Ce sera la tête de son bonhomme. Satisfait, il décide de lui faire des
yeux avec des cailloux noirs. Pour le nez, il choisit une carotte orange
et pour la bouche quelques boules de houx rouge. Il ramasse ensuite
deux branches pour lui faire des bras.
Son bonhomme de neige a fière allure,
il a l'air très sympathique.

–Je te nomme Neige! lui annonce-t-il fièrement. Tu as de la chance, ce soir, tu vas voir le père Noël. Rappelle-lui de bien penser à ma famille et surtout à grand-ma qui est si fatiguée.

Heureux d'avoir terminé son œuvre, il rentre chez lui se réchauffer et rêver à la nuit prochaine.

Il n'est pas plutôt parti que le petit bonhomme se met à trembler.

– Brrrr…, il fait un froid de canard chez vous!

Le vieil arbre du jardin secoue ses branches:
– C'est bien la première fois que j'entends un bonhomme de neige se plaindre du froid!

– Ah! Et pourquoi ça? rétorque Neige, fâché.

– Eh bien, parce que les bonshommes de neige ne peuvent exister que l'hiver. Au printemps, ils disparaissent, cédant la place aux fleurs et aux abeilles.

À peine a-t-il terminé sa phrase qu'il entend Neige sangloter.

–Ne pleure pas... pas ce soir..., lui murmure-t-il doucement.

–Pou–pourquoi pas ce soir? réussit à demander Neige, entre deux soupirs.

–Parce que ce soir c'est Noël, et personne ne doit être triste la nuit de Noël. C'est une nuit magique où les plus doux rêves se réalisent; une nuit de lumière, une nuit de fête... Garde bien les yeux ouverts, ce que tu vas voir te donnera le courage d'affronter ta vie...

Neige ne lui répond rien.
Il sent qu'il n'a pas le droit de se plaindre de son destin de bonhomme de neige.
Au fond de son cœur gelé, il se dit qu'il doit veiller pour rappeler au père Noël de penser à grand-ma.

Quelques heures plus tard, alors que le soleil est parti se coucher dans les nuages et que la lune allume ses étoiles, il entend le son métallique d'un grelot.

Bientôt le ciel est tout illuminé.
Un vieux monsieur entièrement vêtu de rouge conduit un beau traîneau tiré par huit rennes majestueux.

Il avance vite dans le ciel, ralentit, puis vient se poser dans le jardin, tout près de Neige.

– Tempête, Rodolphe… doucement mes amis…
Je dois déposer quelques paquets ici.

Émerveillé, Neige l'observe.

– Un train pour Antoine, une écharpe pour sa maman,
des gants pour son papa… Voilà, j'ai tout.

Neige est ennuyé, il lui semble que le Père Noël n'a pas cité la grand-ma d'Antoine. Il est très impressionné mais, n'écoutant que son courage, il dit :
– Excusez-moi, père Noël, mais vous n'avez rien amené pour grand-ma ?

Le père Noël croit mourir de peur.
D'habitude, à cette heure-là, tout le monde dort.

– Qui est là ? demande-t-il, curieux.
– C'est moi, répond timidement Neige.
– Que veux-tu, petit bonhomme ?
– Oh, pour moi, rien ! Je suis un bonhomme de neige frileux, je vais disparaître avec les beaux jours et je n'aurai plus jamais froid, mais Antoine m'a chargé de vous faire penser à sa famille et surtout à grand-ma qui est bien lasse.
Un peu troublé, le père Noël reprend sa liste :
– Ah, voilà… j'y suis… Oui, tu as raison, j'ai oublié la grand-maman d'Antoine. Je vais aussitôt réparer mon erreur. Pour te remercier, sache que tu demeureras à jamais dans ce jardin et que tu n'auras plus jamais froid.

Et le père Noël repartit sous l'œil émerveillé de Neige et du vieil arbre.
Le lendemain matin, sous les branches du sapin, chacun eut la joie de trouver un présent.
Mais c'est dans le jardin qu'ils eurent la plus belle des surprises.

Neige était devenu Cristal.

Moi, je l'attends

Laura Millaud

Tom est assis devant le sapin. Il a les bras croisés et ne bouge pas.
– Allez, Tom, au lit !
– Non, proteste l'enfant.
– Et tu fais quoi dans cette position ? demande sa mère.
– J'attends le père Noël.
– Et tu crois qu'il va se montrer si tu restes là ?
– Tu m'as dit qu'il venait la nuit.
Alors, moi, je ne dors pas
et j'attends le père Noël.

Maman s'assoit par terre aux côtés de son fils, le prend dans ses bras
et le place dans le creux formé par ses jambes.
Elle lui chuchote à l'oreille :
- Tu sais, le père Noël, il connaît bien les enfants. Il sait que, tous,
vous rêvez de rester un moment avec lui.
Tom lève les yeux vers sa mère, et l'écoute attentivement.
- Imagine, si tous les autres bambins attendent le père Noël comme toi,
tu crois qu'il aura le temps de bavarder avec chacun ?
- Rien qu'un peu... s'il te plaît !
- Mais sa hotte est remplie de milliers de jouets pour tous les enfants.
La nuit est juste assez longue pour tous les distribuer !
Tom reste silencieux. Il réfléchit.
Finalement, il serre très fort sa maman et accepte d'aller dormir.

Dans la nuit, l'enfant se retourne dans son lit, puis ouvre les yeux.
– Ah ! crie Tom, effrayé par une lumière inhabituelle.
Tout près de lui, un petit père Noël lumineux le fixe et lui dit d'une voix douce :
– Bonsoir, Tom.
L'enfant est tellement ému d'être face au père Noël en vrai qu'il balbutie :
– Maman m'a dit que tu ne viendrais que si j'allais au lit.
– Ta maman a raison. Et comme tu t'es gentiment endormi, je suis là, répond le père Noël en souriant.
– Ah ! J'ai de la chance, alors !
Tom le regarde de la tête aux pieds, puis des pieds à la tête. Ensuite, il se met à lui poser des tas de questions sur la distribution des cadeaux.
Amusé, le père Noël lui raconte sa longue nuit.
Tom est curieux, le père Noël est bavard. Le temps passe vite.

-Bon, je dois repartir maintenant.
Mais, j'ai une surprise pour toi.
Il sort de sa grande poche
un porte-clés auquel est accroché,
une toute petite peluche rouge
qui tient dans la main de l'enfant.

-Merci. Mais... c'est toi
en peluche, père Noël?
Le père Noël rit de bon cœur
devant la remarque de Tom.
-Elle te plaît?
-Elle est super chouette!

Le père Noël dépose un bisou sur le front de Tom et s'en va par la fenêtre. Une fois sur le rebord, il se retourne et lui murmure :
– Je t'ai déposé tes cadeaux dans le salon. À l'année prochaine !

– Au revoir ! bredouille Tom,
des larmes dans les yeux.
Il aurait tellement voulu
qu'il reste encore un peu.

-Maman!
Elle se lève et regarde le réveil : 5 heures du matin! Grrrr!
Elle trouve Tom assis sur son lit.
-Tu as fait un cauchemar, mon chéri?
-Non. Regarde! réplique Tom en lui présentant son porte-clés.
Maman est fatiguée et ne rêve que de rejoindre son lit.
-Hum, c'est très joli... Il faut encore dormir, Tom, la nuit n'est pas terminée.
-Mais maman... insiste-t-il.
-Quoi?

Tom range sa mini-peluche dans la poche de sa robe de chambre.
Maman n'est pas encore réveillée, elle n'a même pas vu ce que je lui ai montré! Je lui raconterai la visite du père Noël plus tard, pense Tom.

-On va voir mes cadeaux?
Attendrie devant son petit bonhomme si impatient et si bien réveillé, elle lui tend la main.
-Viens, on va voir.

Ils avancent dans le couloir
jusqu'au salon, à pas de velours.
Elle ouvre la porte doucement.
Le sapin est décoré de boules et de guirlandes dorées.
Son papa, encore à moitié endormi, vient participer à l'évènement.
– Tu as vu, papa, il est passé !
L'enfant découvre les paquets au pied du sapin
et son visage radieux remplit ses parents de bonheur.
Il s'agenouille.
– Je peux ?

Il déchire les papiers, découvre une à une les surprises
et ses « Oh! Ah! Wouah! » effacent le manque de sommeil
de ses parents.
Tous les deux sont assis sur le canapé,
béats devant leur fils émerveillé
par ses cadeaux.
Trop absorbé à déballer
tous ses jouets,
Tom oublie de révéler
son aventure nocturne.
Aujourd'hui sera une journée
douce et tendre.

Filou, le petit renard

Roger-Pierre Bremaud

Filou, hissé sur la pointe des pattes, regardait par la fenêtre et salivait à la vue d'une belle volaille qui rôtissait dans la cheminée. Les effluves venaient flatter son odorat et achevaient de lui tirailler l'estomac.
Le petit renard avait faim et même très faim. Il n'aimait pas la chasse car il redoutait de devoir tuer. Bien souvent, il s'était approché d'une ferme avec l'intention d'acheter une volaille, mais le fermier l'accueillait toujours à coups de fusil. Il s'enfuyait alors, très triste à l'idée d'avoir été pris pour un voleur.

En fait, Filou était sentimental et honnête : il était l'exception des renards. Comble de malheur pour lui : Gracia, sa fiancée, n'avait pas voulu se marier avec lui, par crainte que leurs futurs renardeaux n'aient pas assez à manger. Les sanglots le submergèrent.
Tout à sa peine, il n'entendit pas qu'on venait derrière lui…
– Oooohh ! Oooohh ! A-t-on jamais vu une aussi grande détresse en cette nuit. Que t'arrive t-il, mon petit ?
– Merci… bonhomme tout rouge. Sniff ! Mais je crains, hélas, que vous ne puissiez résoudre mon problème.

Sur ce, il commença à faire demi-tour, ne sachant si l'homme était réellement son ami.

– Rassure-toi ! Je ne te veux aucun mal. Je suis le père Noël et, cette nuit, j'effectue ma tournée pour récompenser les enfants.

– Vrai ? Vous pourriez être mon ami, alors ?

– Oui. Allez, grimpe vite à mes côtés, je suis déjà très en retard. Tu me raconteras tes problèmes en chemin.

Confiant, et séduit à l'idée que ce brave bonhomme sillonnait la nuit froide pour faire plaisir aux enfants, il grimpa dans le traîneau. Toute la nuit, il mit son adresse et son agilité au service du père Noël, ce dernier n'étant plus aussi rapide et leste que par le passé. Au petit matin, Filou s'endormit de fatigue, sous le regard attendri et reconnaissant du père Noël. Bientôt ce dernier arrêta son traîneau devant un magnifique chalet.

-Hé! Filou, réveille-toi, lui dit-il tendrement.
-Oh, je vous demande pardon! Je me suis assoupi. Sans doute la fatigue. Mais je peux vous assurer que j'ai passé une nuit merveilleuse.

- Attends un peu ! Ne pars pas
tout de suite, viens avec moi,
je crois que j'ai un cadeau pour toi.

- Vous avez déjà tellement fait…

- Ne discute pas; après tout,
je suis le père Noël !

Ils arrivèrent dans la cuisine où Irma,
la bonne vieille nounou du père Noël,
maintenait encore au chaud une succulente
dinde. Pendant que celui-ci lui racontait
brièvement les problèmes de son ami,
Irma les fit asseoir.

- Tenez, vous allez
vous régaler.

- Merci, madame.
Cependant,
si vous le permettez
et, au risque
de vous décevoir,
je préférerais
emporter ma part,
pour la déguster
avec ma fiancée.

Le père Noël chuchota à l'oreille de sa nounou, puis reprit :

– En fait, tu ne pouvais pas me donner meilleure réponse. Ainsi donc et malgré la faim qui te tenaille, non seulement tu as passé toute la nuit avec moi, sans rien me demander, mais, maintenant, devant cette belle volaille, tu ne penses qu'à aller la partager en famille. Tu seras donc digne du cadeau que je vais te faire. Chaque semaine, tu viendras à la porte de l'office, où Irma te remettra une somptueuse volaille.

Il ne put en dire plus. Filou bondit embrasser le père Noël, ainsi que la bonne vieille nounou.

– Merci, merci bien. C'est un cadeau de rêve !

– Normal : n'est-ce pas Noël ?

– Marie-toi et sois heureux, mon petit, ajouta Irma. Pense à me présenter ta fiancée, ainsi que tes petits, lui glissa-t-elle à l'oreille.

– Sache que tu seras toujours le bienvenu, ajouta le père Noël. Je ne suis plus très souple pour faire ma tournée…

– Tu es surtout un peu trop enveloppé, renchérit Irma en clignant de l'œil vers Filou.

La poupée capricieuse

Monique Squarciafico

Père Noël débordait de travail : Noël approchait.
Avec ses ouvriers, il fabriquait tous les jouets que les enfants attendaient pour le grand jour.
Sur les étagères, une poupée magnifique vêtue d'une robe satinée bleue se confiait aux autres.
– Moi, je veux être dans une grande maison où tout le monde m'admire car je suis la plus belle, n'est-ce-pas ? Et surtout qu'on ne touche pas à ma robe, ni à mes cheveux si bien coiffés !
Les autres poupées se détournèrent d'elle, l'ignorant complètement.
– Mais qu'est-ce que j'entends là ? s'écria père Noël.
Petite orgueilleuse, pour qui te prends-tu ? Tu seras punie !

Il était rouge de colère.
Il la poussa si brusquement de son nuage
qu'elle perdit l'équilibre et tomba dans la mer.
Elle y séjourna huit jours jusqu'à ce qu'un pêcheur
la prît dans ses filets.
Il la donna à son chien, qui déchira sa robe
et lui arracha ses beaux cheveux.
La jolie poupée n'était plus aussi fière!

Enfin, arrivé au port,
l'homme la jeta
dans une poubelle
où elle tomba sur la tête
d'un rat qui décida
de l'apporter à ses petits.
Dans sa précipitation,
il glissa sur la neige et
heurta les pieds
d'une femme.
Apeuré, il lâcha
la poupée et se sauva.

La dame ramassa
le tas de chiffons
avec délicatesse.
– Mais c'est une poupée !
Ma petite Molika serait
si heureuse de recevoir
ce cadeau...
Demain, c'est Noël,
et il n'y aura rien pour elle.

Arrivée chez elle, elle la montra à sa fille, blottie dans son lit.
– Oh, maman, c'est pour moi ? Mais que lui est-il arrivé ?
– Elle est malade, comme toi, elle doit sûrement souffrir.
Mais je vais m'en occuper, même si je dois y passer la nuit.
J'aimerais que tu la reçoives demain pour Noël, comme tous les enfants du monde.
– Viens vite, ma petite chérie, lui dit l'enfant en la prenant tendrement dans ses bras, malgré son aspect pitoyable. Je vais t'appeler Prunelle, j'ai tellement besoin de toi, mon cœur.
Très fatiguée, elle s'endormit profondément, tenant toujours sa poupée blottie dans ses bras avec tendresse.

Soudain, mère Méliot entendit du bruit derrière la porte. Intriguée, elle l'ouvrit brusquement.

–Père Noël? Que faites-vous ici?

–Mère Méliot! C'est Noël, voyons ! Croyez-vous que je vous laisserais toutes les deux sans cadeau? Tenez, voilà pour vous.

Il lui tendit une jolie robe bordée de dentelle raffinée.

–Oh, c'est pour moi? dit-elle, émue.

–Allez, allez, ne pleurez pas ! Je suis pressé ce soir, on m'attend dans toutes les maisons.

Il posa sur la table des mets délicats et installa au pied du lit de Molika une ravissante robe et des chaussures.

– Ah, te voilà, toi ! dit-il à la poupée qui se cachait sous les draps. Es-tu toujours décidée à vivre sans amour, dans une belle maison ?
– Oh non ! Cette petite fille a tant besoin de moi que je ne peux pas l'abandonner. Je préfère rester ici, si vous le voulez bien.
– C'est bien, ça ! Tu seras récompensée pour ta bienveillance.
Aussitôt, une pluie d'étoiles enveloppa Prunelle qui redevint une superbe poupée.
Père Noël, satisfait, s'en alla vite.

Ravie, Prunelle se précipita contre Molika, qui se réveilla.
– Maman ! Où est ma Prunelle ? À qui est cette poupée ?
Sa mère essaya de cacher ses larmes et son émotion.
– Mais, c'est Prunelle, ma chérie ! Regarde comme elle est belle.
– C'est toi ? Toi qui avais la robe en lambeaux, les cheveux décoiffés...
C'est toi, mon petit ange adoré ?
Tout à coup, ce fut le choc. Elle se mit à sangloter.
Rien ne pouvait l'arrêter. Sa maman la prit dans ses bras
et pleura avec elle. Prunelle ne pouvait s'empêcher
de verser quelques larmes, des larmes remplies d'amour.
– Regarde, Molika, comme ta poupée est triste...

L'enfant s'arrêta d'un coup, prit sa poupée et la serra très fort.
-C'est la fête, ce soir! J'ai faim, maman. Ça sent si bon ici !
-N'as-tu rien remarqué au pied de ton lit? Regarde.
-Oh, père Noël ! Tu es un amour, c'est le plus beau jour de ma vie.
Cette soirée fut inoubliable pour toutes les trois.
Molika et Prunelle furent si heureuses de jouer ensemble que la petite fille guérit très vite de sa maladie.
Prunelle resta son unique poupée pour la vie.

La lettre au père Noël

Calouan

Ce matin, devant la grille de l'école, Arno s'accroche
aux jambes de sa maman. Il est inquiet...
Car c'est aujourd'hui que le père Noël vient à l'école.
Oh! Des pères Noël, il en a déjà vu plein dans la rue, dans les magasins.
Mais jamais il n'a osé s'approcher de près.
– On y va, Arno? demande maman.
Il ne faudrait pas arriver en retard... surtout aujourd'hui!

Dans la cour de l'école, Arno retrouve son copain Liam, tout excité.
– T'as pas peur, toi, du père Noël?
– Moi? Tu rigoles ! Je lui ai déjà parlé au père Noël, l'autre jour, en allant faire les courses avec maman.
Il est courageux, ce Liam !

En classe, la maîtresse explique aux enfants installés sur le tapis :

– Quand le père Noël sera là, il va vous appeler par votre prénom et vous remettre un petit sachet de bonbons chocolatés.
Ô ! Tous sont émerveillés. Ils se tortillent d'impatience sur le tapis.
– Il faudra bien dire merci ! insiste la maîtresse. Et aussi, si vous avez envie, vous pourrez déposer un baiser sur sa joue.
Ouh la la ! Arno n'osera jamais ! Et il se demande s'il a été assez sage. Parce qu'il le sait, lui, que le père Noël ne s'occupe pas des vilains enfants ! Soudain, il a une idée.
Il ira se cacher derrière le coin livres.
Quand le père Noël appellera son prénom, personne ne le trouvera.

– Toc! toc! toc!

Tous ensemble tournent leur regard vers la porte.

– Qui est là? interroge la maîtresse avec un large sourire.

– C'est lui! C'est le père Noël !

Dans la classe, c'est l'agitation. Les enfants, impatients, se lèvent, vont dans tous les sens puis se regroupent devant l'entrée.

Arno en profite pour s'éclipser.

Coincé derrière les étagères, il attend, immobile.

Les enfants crient de joie quand la maîtresse ouvre enfin la porte :

– Bonjour, père Noël !

– Bonjour, les enfants !

Arno a le cœur qui bat fort. Surtout, il ne doit pas bouger.

L'homme en habits rouges s'installe sur une chaise.
De son gros sac, le père Noël sort des petits sachets étiquetés.

– Charline, c'est pour toi ! Viens vite, ma petite !

Charline est ravie et embrasse bien fort le père Noël.

Zoé, Théo, Liam, Bastien, Romane… Tous les enfants de la classe défilent un à un pour aller chercher leur surprise.

– Arno ?

Quand le petit garçon entend son prénom, il frémit, mais ne bouge pas.
– Arno ? répète le père Noël. Il n'est pas là ?
– Mais si, intervient la maîtresse. Il était là tout à l'heure !
Aussitôt, les voilà tous debout à la recherche de leur copain disparu.
« Arno ! Arno ! »
La maîtresse calme les enfants :
– Il a dû aller faire pipi, il va revenir.
Allez, rasseyez-vous, le père Noël va poursuivre sa distribution de gourmandises.

Mais oui, il y a encore des sachets à offrir.

Quand le père Noël a fini,
les enfants en chœur lui chantent une belle chanson.
Chacun leur tour, ils lui remettent leur lettre
avec le dessin des cadeaux qu'ils souhaiteraient avoir au pied du sapin.
Arno se souvient qu'il a laissé sa lettre sur son bureau.
Il ne pourra pas la remettre au père Noël.
Tant pis !

Au moment de partir, l'homme à la barbe blanche lance un clin d'œil à la maîtresse et claironne bien haut :

– Vous direz à Arno que j'aurais bien aimé le connaître. J'espère qu'il sera là l'année prochaine. Je prends sa lettre aussi et, à Noël, il aura son soulier bien rempli…

Ouf ! Arno soupire. Du fond de sa cachette, il murmure, le cœur en fête :

– Merci, père Noël !

Le traîneau de père Noël

Hubert Masurel

« À mon père Hubert et à ma mère Julie »

Le père Noël fait la tournée des cheminées.
En cette nuit où tombe la neige,
il se dépêche de distribuer ses jouets
avant le réveil des enfants.
Mais le père Noël a un vieux traîneau…
Il l'a déjà réparé cinquante fois.
Par contre, il a un bel attelage :
six rennes vigoureux au pelage soyeux
et aux bois magnifiques.
Les rennes aiment prendre leur élan
pour traverser le ciel étoilé,
de village en village
et de maison en maison.

Mais les rennes tirent le vieux traîneau avec trop d'énergie :
ils le cassent sans arrêt, malheureusement.
Le père Noël s'arrête pour le remettre en état. Cela l'oblige à emmener des outils, des planches neuves et des ferrures de rechange qu'il dispose au milieu des jouets.
Cela n'est pas pratique... Et il perd du temps...
Sacré père Noël ! Il doit chercher les jouets dans sa réserve,
emplir sa hotte, dérouler une longue corde dans le conduit de cheminée.
Ensuite il charge la hotte sur son dos, descend le long de la corde et contourne les braises encore rougeoyantes de l'âtre.
Enfin, il dispose les cadeaux des enfants sages dans les chaussures rangées devant la cheminée.
Revenu sur le toit,
il fait signe aux rennes de démarrer doucement pour ne rien casser.

Heureusement, le père Noël a une expérience de centaines de nuits de Noël. Il termine sa tournée juste à temps, avant l'aube.
Mais le père Noël en a assez de son traîneau.
Il n'est pas réparateur de traîneau, lui : il est père Noël.

– Cela ne peut plus durer, corne de grès ! rage-t-il.
Il me faut un traîneau neuf, corne de bœuf !
Confortable pour moi et
solide pour mes rennes, corne de chêne !
Il réfléchit.
Où peut-il trouver
un traîneau neuf ?

Soudain, il a une idée lumineuse :
il va écrire au père Noël pour lui en demander un !
Mais sa joie retombe aussitôt.
– Suis-je bête, corne de tête ! C'est moi le père Noël, lance-t-il.
Il rentre alors tristement chez lui
et s'enferme pour dormir très, très longtemps…
Trois mois plus tard, le père Noël est réveillé
par un bruyant tintamarre.

Il se lève, se met à sa fenêtre
et voit des milliers de cloches
dans l'immense ciel bleu.
– Eh oui, réalise-t-il soudain,
c'est Pâques, aujourd'hui, corne de buis !
C'est qu'elles font une belle musique, corne de bique !
marmonne-t-il dans sa longue barbe blanche.
Une symphonie pour cloches !

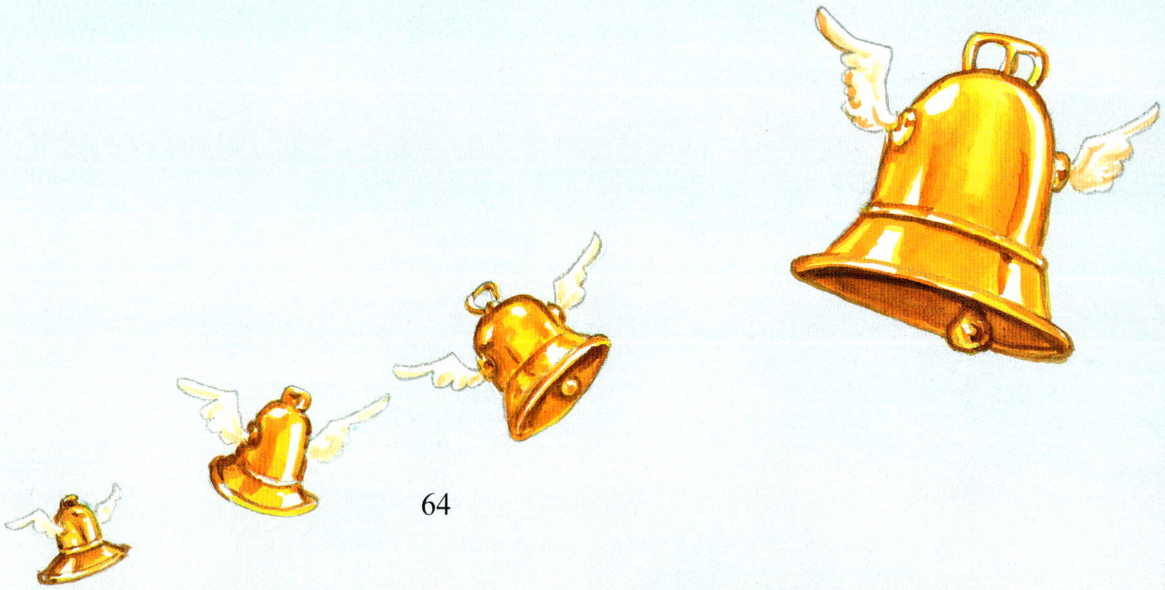

En retournant à son sommeil, le père Noël voit à quelques pas
un gros colis bien emballé.
– C'est un cadeau ! C'est la première fois, corne de bois,
qu'un père Noël reçoit un cadeau de Pâques,
sourit-il en ouvrant le colis.
Et que voit-il alors apparaître ?
Un magnifique traîneau tout neuf.
– Solide et confortable, corne d'érable !

Noël et la chèvre de Sylvain

Jeanne Taboni Misérazzi

Ah! Qu'elle était jolie la chèvre de Sylvain
que son papa avait achetée à son voisin !

Dès qu'il la vit, Sylvain l'appela Flora. Elle le regarda et bêla !
Il l'installa dans son jardin et, quand il la rejoignait,
il l'attrapait par le cou et lui racontait tout.

Un soir, le papa de Sylvain mit une grande guirlande sur les branches nues de l'acacia. Flora fut émerveillée par toutes ces petites lumières qui brillaient dans la nuit.

Sylvain lui dit :
– C'est bientôt Noël ! Je vais aller voir les jouets exposés dans les vitrines des grands magasins !

La petite chèvre en rêva toute la nuit et, le lendemain, quand elle vit arriver Sylvain, pour la première fois elle parla :
– S'il te plaît ! Peux-tu m'emmener avec toi quand tu iras voir les vitrines des grands magasins ?

À la grande surprise de Flora, il éclata de rire :
– Super ! Je me suis toujours douté que tu savais parler ! Bien sûr que je vais t'emmener. Il est temps que tu sortes de ce jardin sinon tu vas faire comme la chèvre de monsieur Seguin !
– Et qu'est-ce qu'elle a fait la chèvre de monsieur Seguin ?
– Un jour, elle est partie dans la montagne et le loup l'a mangée !
– Cela ne risque pas de m'arriver. Il n'y a pas de loup dans les villes !

Le samedi suivant, Sylvain et Flora partirent vers le centre commercial qui était juste à côté. Ils se retrouvèrent très vite au pied d'un grand escalier qui menait aux vitrines des grands magasins. Sylvain réalisa que la petite Flora n'était jamais montée sur un escalier roulant. Il la conseilla :

– Il faut que tu poses tes quatre pattes sur la même marche !

La petite chèvre essaya mais, quand elle sentit le sol bouger sous ses pieds, elle paniqua et tomba sur Sylvain. Il se retrouva par terre avec sa chèvre dans les bras.

Alors, il n'hésita plus. Il se releva et prit la petite Flora sur son dos.

En quelques secondes, ils atteignirent le haut de l'escalier. Il y avait beaucoup de monde autour d'eux.

Tout de suite, on les dévisagea et une fillette cria:
- Que fait cette chèvre ici?
- C'est cet enfant qui l'avait sur son dos !
répondit aussitôt un vieux monsieur grincheux.
La petite chèvre ne les écouta pas. Doucement, elle s'approcha de la plus grande des vitrines. Ses yeux brillaient autant que les petites lumières qu'elle admirait. Sylvain la rejoignit. Il la trouva très jolie avec son air complètement ébahi! Il se dit que si monsieur Seguin avait eu l'idée de sortir avec sa petite chèvre, jamais celle-ci ne se serait enfuie! Il s'accroupit près de Flora et pendant un long moment leurs yeux se perdirent dans les petites lumières qui clignotaient.

Soudain, près d'eux, quelqu'un cria :
–Ne bougez pas !

Sylvain et Flora se retournèrent. Un monsieur les regardait :

–Puis-je vous photographier ?
Votre photo paraîtra dans le journal de demain !

Sylvain accepta et sourit quand le flash l'éblouit.
Flora aussi sourit, même si personne ne le vit !

Le lendemain,
dans le journal, tout le
monde admira Sylvain
et Flora devant la vitrine
du grand magasin.

Certains disaient
en les voyant :
– Ah ! qu'elle est jolie
la petite chèvre de Sylvain !

Jamais celui-ci ne regretta
de l'avoir sortie !

De temps en temps, Flora demandait
à Sylvain s'il voulait bien retourner voir
les vitrines des grands magasins, même
si Noël était, depuis longtemps, passé !

Sylvain acceptait toujours, surtout que
maintenant Flora se tenait très bien sur
l'escalier roulant.

Pourtant, parfois, pour s'amuser,
il la prenait sur son dos car il trouvait
que c'était quand même
beaucoup plus rigolo !

Les rennes restent

Paul Nijskens

Cette année, père Noël décide de se moderniser.
Fini le vieux traîneau tiré par des rennes !
« Une tournée rondement menée avec une machine adaptée, voilà comment ça doit fonctionner », se dit père Noël très motivé.

Il s'en va donc se renseigner afin de connaître le moyen de locomotion le plus approprié.

Ce soir-là, ce sont quatre ruminants bien étonnés qui voient atterrir leur maître bien-aimé, dans un avion tout doré, derrière la sapinière enneigée.
À grandes enjambées, père Noël vient leur annoncer :
– Mes petits caribous, je vous aime beaucoup.
Cet hiver, je vous laisse vous reposer.
Depuis les années que vous m'aidez, vous l'avez bien mérité.
Vous pouvez prendre congé !
Je vous dis bonsoir, car demain j'ai une journée chargée.
Vous pourrez suivre ma tournée en regardant la télé.
Quatre regards désolés se croisent. Leur patron préféré les laisse tomber. Ils se couchent, dépités...
Hormis le plus jeune qui s'esquive, avec un air déterminé.
Les trois autres se demandent où il peut bien aller.

Le lendemain, après une nuit très agitée,
ils regardent l'avion doré s'envoler.
Mais vers 10h, au JT, ils entendent parler
d'un atterrissage forcé, dans un bois de pinèdes,
pas très éloigné.
À l'écran, un bûcheron précise
que le carburant aurait manqué
et que l'avion du père Noël a dû,
en catastrophe, se poser...

Une heure plus tard, c'est dans un 4X4 rutilant que père Noël
cette fois vient saluer ses quatre cervidés désolés.
Il déclare, bien décidé :
- Cette fois, mon réservoir est plein à craquer.
Je pars sans traîner car
j'ai quelques heures à rattraper.
Sur la piste, la jeep s'est élancée.

Mais à 13h, assis devant la télé, les rennes apprennent que les enfants commencent à s'inquiéter.
La police a trouvé une impressionnante jeep dans le fossé, abîmée, avec deux pneus crevés.
Heureusement, il n'y a pas de blessé à déplorer.
Un bûcheron déclare que père Noël est un peu énervé mais en bonne santé.
Il aurait trouvé un nouvel engin plus sécurisé, sans aucun danger, avec lequel il pourra continuer sa tournée.

En effet, en début de soirée, une superbe motoneige est étrennée
devant une meute de journalistes affairés.
C'est en direct au journal parlé que le départ de père Noël est filmé.
Son démarrage laisse tout le monde bouche bée.
Sur la neige, à toute vitesse, la motoneige s'est élancée...
Les enfants attendaient, impatients aux pieds des cheminées.
Allait-il enfin arriver?
Hélas, après le premier virage... un énorme sapin traversait la chaussée
devant un père Noël médusé.
L'engin dans l'obstacle s'est encastré, propulsant son passager au sommet
d'un arbre assez éloigné. Cette fois, le bûcheron a été soupçonné.
Il s'est défendu en disant que non, vraiment, il n'avait rien vu et que cet
arbre, il ne l'avait pas abattu!
Mais que, ah oui! un castor il avait aperçu!
L'enquête n'a rien donné et très justement l'homme a été innocenté.

C'est un père Noël désespéré et fatigué
qui est revenu dans l'étable se reposer.
Les rennes, pas du tout rancuniers,
l'ont alors apaisé, dorloté, choyé, cajolé...

Et là, il s'est laissé tenter
par une convaincante publicité
que le plus jeune des rennes avait
«par hasard» laissé traîner!

Cette année-là,
avec un jour de retard,
les enfants ont vu quatre rennes
heureux arriver, tirant,
dans un traîneau illuminé,
un père Noël tout enjoué.

Nounours a peur du père Noël

Cathy Dutruch

Nanou explique à Nounours :

– Ce soir, c'est Noël ! Le père Noël descendra
par la cheminée pour déposer les jouets.
Lorsqu'il arrivera, nous lui ferons coucou !

Elle est bien décidée à rencontrer le père Noël,
mais, sans l'aide de Nounours, ce n'est pas possible.

– Tu dois m'aider, Nounours, sinon ça ne peut pas marcher !
Je vais t'installer là, tout près de la cheminée.
Si le père Noël voit une petite fille, il repartira.
S'il voit un jouet, il restera. Je serai tout près de toi,
bien cachée.

Nanou dépose Nounours, et s'en va se cacher.
Il est déjà bien tard, presque l'heure de se coucher.

Nounours a peur. Il ne veut pas rester tout seul,
mais par-dessus tout, nounours a peur du père Noël.
Il a peur de la grande barbe;
il a peur de le voir descendre par la cheminée.

Il voudrait bien aller au lit,
et demain matin, découvrir avec Nanou
tous les nouveaux jouets.

Le temps de se retourner, plus de Nanou ! Où est-elle passée ?

Nounours n'est pas rassuré...

Il entend les voix de Nanou et de sa maman qui discutent dans la cuisine. D'ailleurs, maman lui dit d'aller au dodo.

Mais que peut-elle bien faire ?

C'est alors qu'un bruit le fait sursauter : on gratouille aux carreaux.

Nounours, tout tremblotant, voit entrer le père Noël, par la porte de devant.

Il a l'air gentil ce père Noël, tout compte fait! se dit Nounours en le voyant de près.

Le père Noël s'approche, dépose les cadeaux tout doucement. Il vient même voir Nounours et lui fait un bisou !

Nounours voudrait bien appeler Nanou,
mais la voilà qui arrive en courant.

– Le père Noël est passé ! Le père Noël est passé !

« Oui, et moi, je l'ai vu, se dit Nounours,
je n'ai même plus peur du tout ! »

Mais Nounours ne peut pas parler.
Ce sera son secret à jamais.

La lettre d'Amélie

Valérie Claisse

Comme chaque année, à la même époque, une grande agitation règne au pays du Grand Nord. C'est là qu'habite le père Noël. Le seul, le vrai, qui passe dans toutes les maisons un soir de décembre.

Dans la petite cabane en bois, chacun sait ce qu'il a à faire. Certains lutins s'occupent de fabriquer les jouets, d'autres de les emballer, et d'autres encore de noter les prénoms sur les paquets.

Mais avant ça, Max, le plus vieux des lutins, trie les lettres.
Assis dans son grand fauteuil rouge, père Noël les prend une à une pour les lire attentivement et vérifie en même temps sur son grand cahier vert que l'enfant qui l'a écrite a été bien sage.

Ensuite il met un tampon dessus :
un tampon multicolore veut dire
que le cadeau est accepté.

Quand il prend la lettre d'Amélie,
père Noël fronce les sourcils et se gratte la barbe.
Il appelle Max et maman Noël.

–La petite Amélie me demande d'annuler sa première lettre. Elle ne veut plus de ses cadeaux, elle veut que je les donne à Katerina, une autre petite fille. Savez-vous ce qui s'est passé?

– Non, répond Max.

– Non, répond maman Noël.

–Amélie est une petite fille sage qui aide ses parents, range sa chambre et travaille très bien à l'école. Elle veut d'ailleurs devenir un grand professeur, renchérit maman Noël.

Père Noël se lève, sort du bureau et revient bientôt avec une grande longue-vue. Il ouvre sa fenêtre magique sur le monde et regarde.

Rapidement, il trouve la maison d'Amélie. Elle est simple et jolie avec des volets verts, un petit jardin avec des fleurs et un chien qui se promène tranquillement.
Dans sa chambre, Amélie joue avec une autre petite fille.

– Je n'ai jamais vu Amélie avec cette petite fille, dit Max.

Père Noël, qui connaît tous les enfants, explique :
- Katerina vient d'arriver dans ce pays.
Elle a perdu ses parents voici quelques mois et a beaucoup de peine.
Ce sont les parents d'Amélie qui l'ont accueillie.
Et il ajoute :
- Je crois que j'ai compris : comme Katerina ne sait pas encore écrire, Amélie a cru qu'elle n'aurait pas de jouets et lui offre les siens.

Maman Noël a des larmes dans les yeux.
- C'est magnifique de la part de cette petite de penser ainsi au bonheur de sa nouvelle petite sœur. Qu'est-ce que l'on peut faire, père Noël ?

- Jai ma petite idée, répond-il en se grattant la barbe et en souriant derrière ses moustaches.

Il s'assied dans son fauteuil et lit les autres lettres.

Le soir de Noël, Amélie pense très fort à Katerina. Elle est certaine que père Noël a eu son message et que Katerina aura de beaux cadeaux.

Quand elle se lève au petit matin, elle découvre les cadeaux au pied du sapin. Deux d'entre eux portent son prénom et deux autres portent le prénom de Katerina. Toutes deux ouvrent très vite et ont une belle surprise : père Noël leur a apporté exactement les mêmes jouets : une poupée et un gros livre d'images.
Katerina a un large sourire et des étoiles dans les yeux.

Amélie lève les yeux vers le ciel :
« Merci, père Noël, c'est mon plus beau Noël ! »

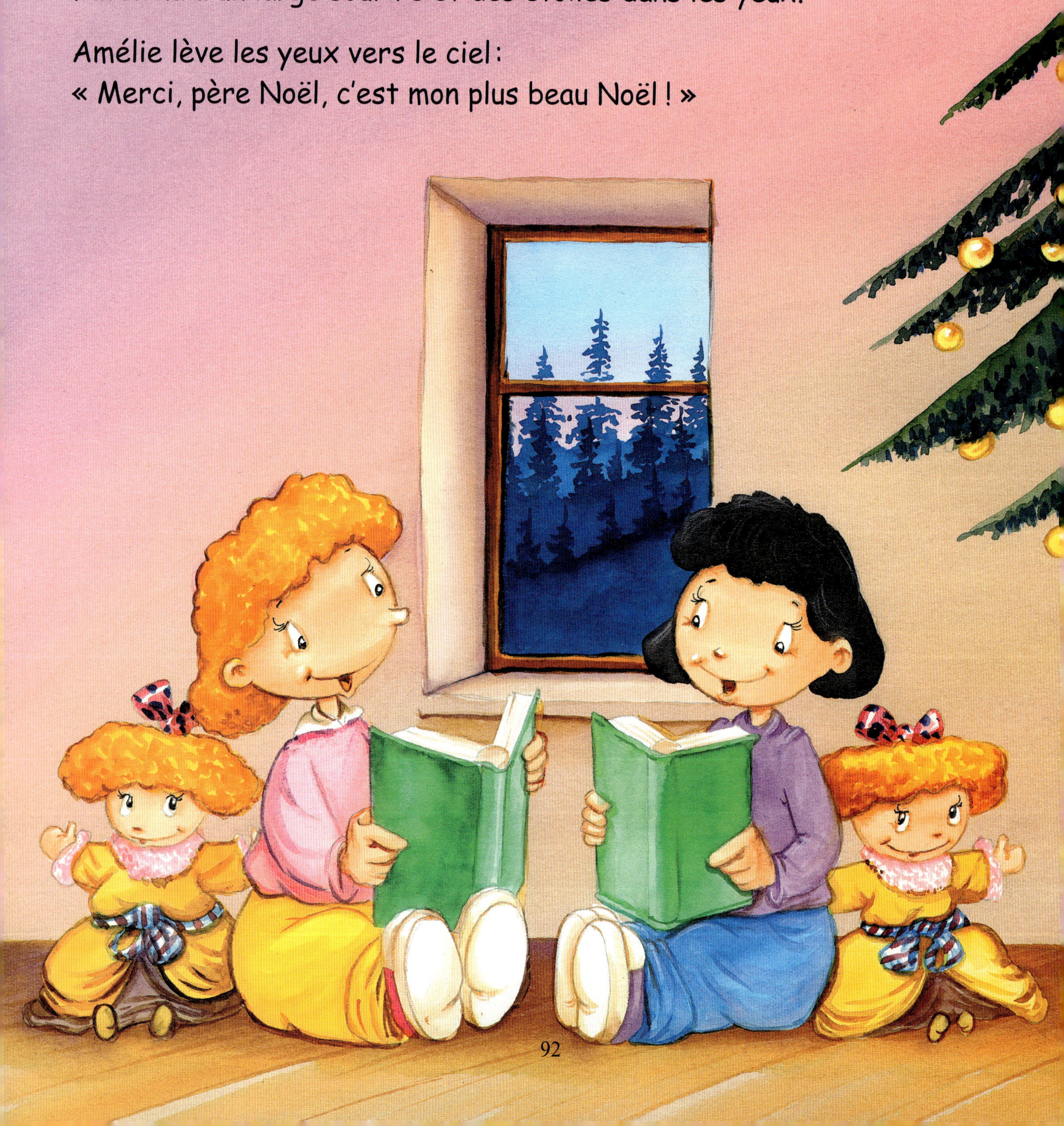

Alfred, un sacré bonhomme !

Corinne Herrmann

Il a beaucoup neigé cette première nuit de décembre.
Papa et Julie décident de faire un grand bonhomme de neige.
Ils s'habillent chaudement, et c'est parti pour un bon bol d'air !
Papa roule la neige : ça fait des allées vertes dans le jardin.
Julie le suit en sautant de joie.
Le chat Catpat les observe attentivement. Petit à petit,
le bonhomme prend forme : une énorme boule pour
les jambes, une moyenne pour le ventre rebondi et
une troisième pour la tête rondouillarde.
Il est deux fois plus grand que Julie,
c'est un sacré bonhomme !

Maman donne des noix pour les yeux, une carotte pour le nez, des pommes de pin pour les boutons et une écharpe pour le cou. Papa porte Julie pour qu'elle dessine une bouche avec des cailloux.

- Oh, c'est difficile, la neige est dure ! s'exclame la petite fille en appuyant de toutes ses forces.
- Doucement, Julie, sinon le bonhomme va tomber ! précise papa.

Il plante un balai sur le côté et voilà, le bonhomme fait partie de la famille ! Julie, ravie, enlace son nouvel ami.

- Qu'il est beau, on l'a bien réussi ! lance-t-elle fièrement.
- Il devient le gardien du jardin, dit papa. On va l'appeler Alfred.
- C'est lui qui montrera la maison au père Noël, ajoute maman.
- Waouh ! fait Julie émerveillée.

Le soir de Noël, Alfred a guidé le père Noël.
Puis il est retourné au jardin, comme tout bon gardien.
Et chaque matin, Julie était impatiente de sortir pour lui dire :
« Salut, Alfred, ça va bien? »
Quand le temps se radoucissait, Julie voyait tout de suite qu'il avait perdu quelques centimètres. Alfred devenait de plus en plus petit. Julie était maintenant deux fois plus grande que lui! Une nuit glaciale, il avait énormément neigé. Le lendemain, on ne voyait plus que le bout du nez orange d'Alfred. Il était adorable, emmitouflé dans son manteau de neige étincelant.
- Il doit avoir bien chaud là-dedans, avait remarqué Julie.
Le petit Alfred a ainsi hiberné tranquillement plusieurs jours.
Il n'y avait aucune trace au jardin, c'était un spectacle magnifique.

Les beaux jours approchaient, et Alfred continuait à rapetisser... Or un après-midi, en rentrant de promenade, la famille découvre qu'Alfred a perdu sa bonne tête!

- Papa, répare Alfred, s'il te plaît! s'écrie Julie dans un sanglot. Papa l'a arrangé avec la neige qu'il restait. Maman lui a enlevé l'écharpe mouillée pour ne pas qu'il attrape froid.
Catpat était désormais plus grand qu'Alfred, devenu minuscule.
Qu'il était mignon et attachant ce sacré bonhomme!

Puis, un matin, Julie a trouvé les noix, la carotte, les cailloux et les pommes de pin dans l'herbe trempée. Alfred avait fondu comme neige au soleil! Elle a serré les affaires de son copain de l'hiver contre son cœur en murmurant :

- Salut, Alfred, je sais que tu reviendras comme gardien du jardin.

C'est bientôt le printemps.
Déjà les premières fleurs apparaissent,
au grand plaisir de Julie.

- Tiens, mais qu'y a-t-il à l'endroit où trônait Alfred ?
s'étonne maman.

Ce sont de superbes perce-neige
qu'on n'avait jamais vus auparavant...

Panique chez Jean-Noël Noël

Anne Lamy

24 décembre, dans l'après-midi. Le père Noël est très occupé.
Les jouets, les paquets, les poupées? Tout est prêt pour la grande tournée...
– Mon bonnet? s'affole le vieux bonhomme.
– Tricoté, lavé et repassé, répond la mère Noël, jamais déboussolée.
– Mon manteau? reprend le père Noël.
– Tu es dedans, mon ami. Depuis le début de l'après-midi, soupire sa femme gentiment.
– Et mes bottes, où les lutins ont caché mes bottes? tonne le vieil énervé.
– Dans ta hotte. Jean-Noël, tous les ans, c'est le même refrain, note sa femme patiemment.

Ronchonnant, le père Noël sort. Tout le monde l'attend.
Les lutins, qui commencent le chargement. Et ses rennes sacrés.
Les mêmes, depuis une centaine d'années. Un à un, le père Noël les salue :
– Bonjour, André; salut, Chloé… Et tu es là, toi, mon bon Timothée.
Mais il manque José ! s'étonne le père Noël. Qui a vu José?
– Il est parti bronzer à Tahiti. Le froid polaire,
ce n'est pas bon pour sa santé.
C'est qu'il n'est plus tout jeune, José!
répondent les trois rennes.
– Qu'est-ce que c'est que cette plaisanterie?
dit le vieux bonhomme, les moustaches frissonnantes de colère.
Allez me le chercher! Hop-toc-boum, c'est parti !
tonne-t-il, le bonnet de travers à force de tempêter.
Les rennes n'ont pas besoin de le faire répéter.
À peine le père Noël a-t-il tourné le dos
que les rennes sont déjà loin.

La mère Noël s'est bien emmitouflée pour souhaiter
une bonne tournée à son coléreux mari.
– Mais où sont passés tes rennes, mon ami ?
Encore à l'abri ? demande-t-elle.
Brusquement, le père Noël comprend son erreur :
comment faire la tournée sans Chloé, André et Timothée,
partis rejoindre José à l'autre bout de la planète ?
Le père Noël répond d'une petite voix étranglée :
– Tout est fichu, crotte de zébu ! Tu penses si ça va rigoler,
chez les Sorcières et associées…

– À l'aide, les copains ! Donnez-moi un coup de main, crie-t-il aux lutins qui chargeaient le traîneau. Vous êtes à moitié magiciens, comme tous les lutins ! 365 lutins, ça devrait bien faire avancer un traîneau pas trop chargé? dit le père Noël qui commence à trépigner.

Arsène est le chef des lutins. Il prend la parole :

– Courir dans la nuit glacée pour porter des milliers de paquets? Ça, jamais! répond-il. C'est pas notre métier…

– Tout est fichu, crotte de zébu ! Tu penses si ça va rigoler chez la Petite souris et compagnie, gémit le père Noël, dépité.

Le père Noël a une autre idée. Il se précipite chez ses voisins. C'est une famille d'ours blancs. Il tambourine à la porte.

– Excusez-moi de vous déranger, dit le père Noël à une ourse tout ensommeillée. Je parie sur ma hotte que vous êtes aussi musclés que mes rennes. Ça vous dirait de les remplacer, le temps de ma tournée ?

– Vous n'avez pas de veine, Jean-Noël, murmure l'ourse en bâillant. Tout le monde dort à pattes fermées : on est en train d'hiberner.

– Tout est fichu, crotte de zébu ! grogne le père Noël en tournant les talons. Tu penses si ça va rigoler à la Société des fées.

– À moins qu'on ne trouve une solution… dit la mère Noël.

Alors, délicatement, sans abîmer le papier cadeau,
la mère Noël déballe quelques paquets.
Elle sort 87 voitures télécommandées, 25 robots musclés,
18 camions de pompier, 12 fusées prêtes à décoller,
30 poupées sur des rollers et une armée de cow-boys sur des chevaux
très pressés. Elle attache ce drôle d'attelage au traîneau et dit :
– Le voilà prêt à voler, ton beau traîneau !
Le père Noël reste bouche bée. É-vi-dem-ment...
C'est la seule idée qui pouvait le sauver.
– Crotte de zébu ! Cette fois-ci, j'ai bien cru qu'on serait renvoyés.
Merci, super mère Noël... s'écrie-t-il tout joyeux.

Et il s'envole dans les airs, aussi légèrement que les autres années. La livraison peut commencer... Peu à peu, le père Noël doit remettre dans leur papier cadeau les jouets qui ont fait avancer son traîneau. À chaque jouet qu'il réemballe avec précaution, le père Noël dit :

–Merci, petit ami ! Sans toi, j'étais fichu. Mais ce voyage doit rester top secret.

En regardant l'air ravi des poupées, des cow-boys et des pompiers, le père Noël murmure :

– Hum ! je me demande si les enfants ne vont pas se douter de quelque chose, demain matin... Un jouet avec des yeux aussi éblouis, ça ne passe pas inaperçu !

Une fois qu'il a fini de distribuer tous les jouets,
ceux qui l'avaient aidé pour sa tournée,
et ceux restés bien au chaud dans le papier cadeau,
le père Noël est ennuyé.
Comment rentrer à la maison sans fusée
ni robot pour le tirer ?

Il ronchonne dans sa barbe :
-Tout est fichu, crotte de zébu ! Elle va bien rigoler,
la mère Noël, si elle ne me voit pas rentrer...

Soudain,
le père Noël
a une idée.
Il court au zoo.

Pour rentrer
tout là-haut, il va
« emprunter »
Barnabé et Jean-René,
les cousins
de ses rennes sacrés...

Le loup et le père Noël

Cathy Dutruch

Le 24 décembre de l'an dernier, le père Noël, un peu en retard,
arrive en traîneau à un carrefour entre la Laponie et le pôle Nord.
Il hésite un instant, tourne à gauche,
(pourtant il connaît la route par cœur)
et fait une lourde erreur.

Quelques heures plus tard,
le voila qui s'arrête au milieu d'une forêt inconnue.
-Nom d'un petit bonhomme de neige, j'ai dû me tromper de chemin!
La neige tombe drue, les rennes ne sont pas rassurés.
Un loup, caché derrière un sapin assiste au spectacle.
-Qui est donc ce drôle de bonhomme en rouge?
se demande-t-il.

Le père Noël a soudain très peur,
lorsqu'il voit le loup s'avancer vers lui et lui dire :

- Hé, toi, que fais-tu dans ma forêt ?
- Je suis perdu. Aide-moi à retrouver mon chemin,
répond le père Noël.
- Comme tu as un beau traîneau ! fait le loup.
- C'est pour mieux voyager ! dit timidement le père Noël.
- Comme tu as de grands rennes, continue le loup.
- C'est pour aller plus vite autour de la Terre !
- Comme tu as un grand manteau rouge ! gronde à présent le loup.
- C'est pour mieux me réchauffer, rétorque le père Noël.
- Comme tu as une grande hotte remplie de cadeaux !
s'exclame encore le loup un peu plus énervé.
- C'est pour mieux distribuer les jouets aux enfants !
réplique le père Noël.

À cet instant, le père Noël se réveilla
chez lui dans son lit,
le matin du 24 décembre.

Même le père Noël fait des cauchemars, vous savez !

Un sapin bien sympa

Corinne Herrmann

Chaque Noël, papy allait en forêt chercher un sapin avec ses racines. L'arbre sentait bon dans toute la maison. On le décorait en famille. Il scintillait de mille feux. Il était splendide. Mamy l'arrosait pour qu'il nous accompagne jusqu'à la nouvelle année. Ensuite, papy le replantait en forêt. Une année, il n'a pas fait attention. Il a remis le sapin au même endroit, mais avec toutes ses décorations !

Puis le sapin a poussé, poussé... Il est devenu le plus majestueux des arbres de la forêt avec ses décorations qui traversent les saisons. C'est comme si papy et le père Noël nous avaient fait un cadeau éternel... Pour que tous les jours continue à briller la magie de Noël.

Un chapeau pour le père Noël

Mireille Saver

Il y a très, très, très longtemps le père Noël s'était choisi une belle tenue rouge pour faire sa grande distribution de cadeaux. Son pantalon et sa veste étaient bien chauds et, pour compléter son ensemble, le père Noël chaussa des bottes rouges fourrées.

Cependant, au moment de partir, la neige tombait à gros flocons et le père Noël n'avait rien à se mettre sur la tête.

Il se rendit immédiatement chez le lutin Galurin qui lui présenta toutes sortes de chapeaux.

-Pas cette casquette bleue, elle ne cache pas mes cheveux.
Mais elle ira très bien à Constantin pour jouer dans le jardin,
dit le père Noël en mettant la casquette dans sa hotte.
Ensuite le père Noël essaya un autre chapeau.
-Pas ce chapeau pointu turlututu. Il ne convient pas à un vieux monsieur barbu. Mais il ira très bien à Guitou qui fait toujours le clown,
dit le père Noël en mettant le chapeau dans sa hotte.
Puis ce fut le troisième essayage.
-Pas ce bob tout froissé. Il est bien trop léger pour me protéger.
Mais il ira très bien à Muriel qui aime les bains de soleil,
dit le père Noël en mettant le bob dans sa hotte.
Il y eut encore beaucoup d'essayages.
Le lutin Galurin lui présenta un chapeau de paille,
un chapeau de cow-boy, une toque en fourrure,
un chapeau melon, et bien d'autres encore.
Il y en avait des hauts, des ronds, des plats,
des verts, des orange... Rien ne convenait
au père Noël.
Patiemment, le lutin Galurin se rendit dans
sa réserve et présenta une nouvelle série
de chapeaux. Mais ceux-là étaient trop larges,
trop étroits, trop chauds, trop froids, trop lourds,
trop, trop, trop...!

Tout à coup, le père Noël aperçut, tout au fond d'une étagère,
un morceau de laine rouge plein de poussière.
Il le secoua et sur sa tête le posa.

– Ce petit bonnet rouge bordé de blanc se terminant
par un pompon fera très bien mon affaire, dit le père Noël.
Il me va à merveille et me cache les oreilles.

Si tu vois le père Noël, tu verras qu'il ne lui manque rien puisqu'il a enfin
trouvé le chapeau qui lui convient chez le lutin Galurin !

Table des matières

Imprimé en Chine